COMO VIVER 24h POR DIA

ARNOLD BENNETT

UM GUIA ESSENCIAL E INOVADOR

COMO VIVER 24h POR DIA

TRANSFORME SUA RELAÇÃO COM O TEMPO! DESCUBRA ESTRATÉGIAS PRÁTICAS PARA APROVEITAR CADA MOMENTO, AUMENTAR SUA PRODUTIVIDADE E VIVER COM MAIS EQUILÍBRIO E PROPÓSITO. FAÇA DE CADA DIA UMA NOVA OPORTUNIDADE DE CRESCIMENTO E REALIZAÇÃO.

Camelot
EDITORA

ENCONTRE MAIS
LIVROS COMO ESTE

Título original em inglês: *How to Live on 24 Hours a Day*
1ª edição 1908, Reino Unido.

1ª Impressão 2025

Presidente: Paulo Roberto Houch
MTB 0083982/SP

Coordenação Editorial: Priscilla Sipans
Coordenação de Arte: Rubens Martim (capa)
Produção Editorial: Eliana S. Nogueira
Tradução: Graça Pinheiro
Diagramação: Fernando Gomes
Revisão: Juliana Bojczuk
Apoio de Revisão: Camila Somera
Imagens: Designed by Freepik.com

Vendas: Tel.: (11) 3393-7727 (comercial2@editoraonline.com.br)

Impresso na China.
Foi feito o depósito legal.

Dados Internacionais de Catalogação na Publicação (CIP)
de acordo com ISBD

B471c Bennett, Arnold

Como Viver 24 horas por Dia / Arnold Bennett. – Barueri : Camelot Editora, 2024.
96 p. ; 15,1cm x 23cm.

ISBN: 978-65-6095-215-7

1. Autoajuda. I. Título.

2025-486 CDD 158.1
CDU 159.947

Elaborado por Vagner Rodolfo da Silva - CRB-8/9410

IBC — Instituto Brasileiro de Cultura LTDA
CNPJ 04.207.648/0001-94
Avenida Juruá, 762 — Alphaville Industrial
CEP. 06455-010 — Barueri/SP
www.editoraonline.com.br

Sumário

PREFÁCIO DESTA EDIÇÃO

Embora este prefácio venha no início, como deve ser, deveria ser lido ao final do livro.

Recebi muitas correspondências sobre este pequeno livro e foram publicadas muitas resenhas sobre ele, algumas tão longas quanto o próprio livro. Pouquíssimos comentários foram negativos. Algumas pessoas discordaram do tom frívolo do livro; porém, na minha opinião, o tom desse trabalho não tem nada de frívolo. Essa reclamação não me impressionou muito; e se não tivesse aparecido nenhuma outra discordância, eu até teria pensado que este livro era perfeito! Apareceu, entretanto, uma crítica mais séria — não na imprensa, mas vinda de diversos leitores obviamente mais sinceros — e tenho que lidar com isso. Uma referência na página 39 mostrará que antecipei e temi essa desaprovação. A frase que recebeu tantos protestos foi a seguinte: — "Geralmente, ele [o homem comum] não sente precisamente uma paixão pelo trabalho; na melhor das hipóteses, não tem nada contra. Ele reluta em começar seu trabalho, começa o mais tarde possível e o termina com alegria, o mais cedo que der. Enquanto ele está no trabalho, seus motores raramente empregam todos seus "cavalos de potência".

Tenho certeza, e digo com sinceridade inconfundível, que há muitos homens de negócio — não somente aqueles em cargos elevados ou com excelentes perspectivas, mas subordinados modestos sem esperança de melhorar muito — que gostam das suas funções comerciais, que não se esquivam do trabalho, que não são os últimos a chegarem e os primeiros a saírem, que, em resumo, dão tudo de si no trabalho e que terminam o dia realmente cansados.

Estou pronto para acreditar nisso. E realmente acredito. Sei disso. Sempre soube, aliás. Tanto em Londres quanto no interior, minha sina tem sido passar muitos anos em posição de subordinado nos negócios; e não me escapou o fato que certa quantidade de colegas mostrou o que pode se considerar uma paixão honesta por seu trabalho, e que durante o tempo que dedicavam a trabalhar, eles estavam realmente fazendo todo o possível. Mas sigo convencido de que esses sujeitos felizes e sortudos (talvez mais felizes do que imaginavam) não representavam e não representam uma maioria, bem longe disso. Sigo convencido de que a maioria dos homens de negócio decentes e escrupulosos (homens com aspirações e ideais) não voltam para casa, como regra geral, genuinamente cansados. Sigo convencido de que eles fazem o menor esforço possível para ganhar a vida, e que sua vocação lhes parece entediante em vez de interessante.

No entanto, reconheço que são uma minoria importante que merece receber atenção; eu não deveria tê-los ignorado tanto. Toda a dificuldade da minoria trabalhadora foi colocada em uma única frase coloquial por um dos meus correspondentes. Ele escreveu: "Estou tão interessado quanto qualquer um em fazer algo que supere minha programação, mas me permita dizer que quando chego em casa às seis e meia da noite não estou tão fresco quanto você possa imaginar".

Agora devo dizer que o caso da minoria, que se joga com paixão e entusiasmo nas suas tarefas diárias, é infinitamente menos deplorável que o caso da maioria, que vive o dia de trabalho de forma desanimada e débil. Os primeiros não precisam tanto de conselho "sobre como viver". De qualquer forma, durante seu expediente de, digamos, oito horas, eles estão realmente vivos; seus motores estão trabalhando na "potência indicada". As outras oito horas de trabalho do seu dia podem estar mal organizadas, ou mesmo ser desperdiçadas; mas é menos desastroso perder oito horas por dia do que dezesseis; é melhor ter vivido um pouco do que nunca ter vivido. A verdadeira tragédia é a do homem que não se esforça nem no trabalho, nem fora dele. É para ele a quem se dirige este livro. "Mas", diz outro homem mais sortudo, "embora minha programação comum seja maior que a dele, também quero superá-la! Estou vivendo um pouco, quero viver mais. Mas realmente não posso trabalhar outra jornada além do meu expediente".

O fato é que eu, o autor, deveria ter calculado que eu apelaria mais a quem já tivesse um interesse na existência. Quem já experimentou a vida é sempre quem exige mais dela. E quem nunca sai da cama é sempre o mais difícil de se levantar.

Bem, você, da minoria, suponhamos que a quantidade de trabalho diário não lhe permitirá realizar quase todas as sugestões das próximas páginas. Mesmo assim, algumas das sugestões continuam de pé. Reconheço que você talvez não possa usar o tempo que gasta na viagem de volta para casa à noite; mas a sugestão para a viagem de manhã até o escritório é tão exequível para você quanto para qualquer um. O intervalo semanal de quarenta horas, de sábado até segunda-feira, é o mesmo de qualquer outro homem, embora um leve acúmulo de cansaço possa preveni-lo de usar todos seus cavalos de potência nele. Permanece, contudo, a considerável cota de três ou mais noites por semana. Você me diz categoricamente que à noite está muito cansado para fazer qualquer outra coisa fora da sua programação. Em resposta, digo-lhe categoricamente que, se o seu dia de trabalho normal é assim tão exaustivo, então o equilíbrio da sua vida está errado e deve ser ajustado. As forças de um homem não devem ser monopolizadas pelo seu dia de trabalho normal. O que deve ser feito, então?

A coisa óbvia a se fazer é contornar seu ardor pelo trabalho diário comum por meio de uma estratégia. Empregue seus motores em algo além do programa antes, e não depois, de empregá-los no próprio programa. Em resumo, levante-se mais cedo pela manhã. Você diz que não pode. Você diz que é impossível ir para a cama mais cedo em uma noite — fazer isso perturbaria toda a casa. Não acho que seja impossível ir para a cama mais cedo à noite. Acho que se você persistir em levantar mais cedo, e a consequência for a insuficiência de sono, você logo encontrará uma maneira de ir para a cama mais cedo. Mas minha impressão é que as consequências de acordar mais cedo não serão as poucas horas de sono. Minha impressão, que se fortalece a cada ano, é que o sono é, em parte, uma questão de hábito — e de negligência. Estou convencido de que a maioria das pessoas dorme o tempo que dorme porque não tem outra opção de diversão. Quanto sono você acha que o homem saudável e poderoso que passa diariamente pela sua rua no comando da van de Carter Patterson1[1] consegue dormir? Consultei um médico sobre esse assunto. Ele é um médico que há vinte e quatro anos tem uma grande clínica geral em um grande e próspero subúrbio de Londres, habitado exatamente por pessoas como você e eu. Ele é um homem conciso, e sua resposta foi concisa:

"A maioria das pessoas dorme até ficarem estúpidas".

Ele continuou dando sua opinião de que nove em cada dez homens teriam uma saúde melhor e se divertiriam mais na vida se passassem menos tempo na cama.

Outros médicos confirmaram essa opinião, que, obviamente, não se aplica a jovens em fase de crescimento.

Levante-se uma hora, uma hora e meia ou até duas horas mais cedo e, se for necessário, deite-se mais cedo quando puder. No que diz respeito a exceder os programas, você realizará tanto em uma hora da manhã quanto em duas horas da noite. "Mas", você diz, 'eu não conseguiria começar o dia sem algo para comer e sem alguém para me servir'. Certamente, meu caro senhor, em uma época em que um excelente fogareiro (incluindo uma panela) pode ser comprada a um menor valor, você não permitirá que seu maior bem-estar dependa da precária cooperação imediata de uma criatura semelhante! Instrua a outra criatura, seja ela quem for, à noite. Diga a ela para colocar uma bandeja em um local adequado durante a noite. Nessa bandeja, dois biscoitos, uma xícara e um pires, uma caixa de fósforos e uma lamparina; sobre a lamparina, a panela; sobre a panela, a tampa — mas virada para o lado errado; sobre a tampa invertida, o pequeno bule de chá, contendo uma pequena quantidade de folhas de chá. Em seguida, você terá de acender um fósforo — isso é tudo. Mais três minutos, a água ferve e você a despeja no bule (que já está quente). Em mais três minutos, o chá é infundido. Você pode começar seu dia bebendo o chá. Esses detalhes podem parecer triviais para os tolos, mas para os atenciosos eles não parecerão triviais. O equilíbrio adequado e sábio de toda a vida de uma pessoa pode depender da viabilidade de uma xícara de chá em uma hora incomum.

Arnold Bennett.

1 Carter Patterson era uma empresa britânica de transporte e logística, fundada em 1860, especializada em entregas de encomendas e fretes. (N. do T.)

O MILAGRE DIÁRIO

“Tempo é muito mais
do que dinheiro.”

"Sim, ele é um daqueles homens que não sabem como administrar. Boa situação. Renda regular. Suficiente para luxos e necessidades. Não é realmente extravagante. No entanto, o sujeito está sempre em dificuldades. De alguma forma, ele não consegue nada com seu dinheiro. Excelente apartamento — meio vazio! Sempre parece que ele mandou os corretores entrarem. Terno novo — chapéu velho! Magnífica gravata — calças largas! Te convida para jantar: carne de carneiro no prato de vidro trincado — ou café turco — xícara rachada! Ele não consegue entender. A explicação é simplesmente que ele desperdiça sua renda. Quem me dera ter a metade disso! Eu lhe mostraria..."

Portanto, a maioria de nós já foi criticada, em um momento ou outro, em nossa maneira superior.

Somos quase todos chanceleres do tesouro: é o orgulho do momento. Os jornais estão cheios de artigos que explicam como viver com tal e tal quantia, e esses artigos provocam uma troca de opiniões cuja intensidade evidencia o interesse que despertam. Recentemente, em um jornal diário, houve uma batalha em torno da questão se uma mulher pode viver bem no campo com 85 libras por ano. Já vi um ensaio intitulado "Como viver com oito centavos por semana". Mas nunca vi um ensaio sobre "Como viver com vinte e quatro horas por dia". No entanto, já foi dito que tempo é dinheiro. Esse provérbio subestima o caso. Tempo é muito mais do que dinheiro. Se você tiver tempo, poderá obter dinheiro — geralmente. Mas mesmo que você tenha a riqueza de um atendente de vestiário do Carlton Hotel[2], não pode comprar um minuto a mais de tempo do que tenho ou do que o gato ao lado da lareira tem.

Os filósofos explicaram o espaço. Eles não explicaram o tempo. Ele é a matéria-prima inexplicável de tudo. Com ele, tudo é possível; sem

2 O Carlton Hotel era um famoso hotel de luxo localizado na Pall Mall, em Londres, inaugurado em 1899. Tornou-se um marco da hospitalidade de luxo na cidade, sendo conhecido por receber a alta sociedade, políticos e celebridades no início do século XX. (N. do T.)

ele, nada. O suprimento de tempo é realmente um milagre diário, um caso genuinamente surpreendente quando o examinamos. Você acorda de manhã e eis que sua bolsa está magicamente cheia com vinte e quatro horas do tecido não fabricado do universo de sua vida! Ela é sua. É a mais preciosa das posses. Uma mercadoria altamente singular, derramada sobre você de uma maneira tão singular quanto a própria mercadoria!

Para observação! Ninguém pode tirá-la de você. Ela não pode ser roubada. E ninguém recebe mais ou menos do que você recebe.

Isso é que é uma democracia ideal! No reino do tempo, não há aristocracia da riqueza nem do intelecto. O gênio nunca é recompensado nem mesmo com uma hora extra por dia. E não há punição. Desperdice seu bem infinitamente precioso o quanto quiser, e o suprimento nunca lhe será negado. Nenhum poder misterioso dirá: "Este homem é um tolo ou um patife. Ele não merece tempo; ele será cortado no medidor". É mais certo do que os consoles e o pagamento da renda não é afetado pelos domingos. Além disso, você não pode recorrer ao futuro. É impossível contrair dívidas! Você só pode desperdiçar o momento que passa. Você não pode desperdiçar o dia de amanhã; ele está guardado para você. Você não pode desperdiçar a próxima hora; ela está guardada para você.

Eu disse que o assunto era um milagre. Não é mesmo?

Você tem de viver com essas vinte e quatro horas diárias. Desse tempo, você tem de extrair saúde, prazer, dinheiro, conteúdo, respeito e a evolução de sua alma imortal. Seu uso correto, seu uso mais eficaz, é uma questão da mais alta urgência e da mais emocionante atualidade. Tudo depende disso. Sua felicidade — o prêmio indescritível que todos vocês estão buscando, meus amigos — depende disso. É estranho que os jornais, tão empreendedores e atualizados como são, não estejam cheios de "Como viver com uma determinada renda de tempo", em vez de "Como viver com uma determinada renda de dinheiro"! O dinheiro é muito mais comum do que o tempo. Quando se reflete, percebe-se que o dinheiro é a coisa mais comum que existe. Ele sobrecarrega a Terra em grandes pilhas.

Se uma pessoa não consegue viver com uma determinada renda, ela ganha um pouco mais — ou rouba, ou faz propaganda. Não é preciso atrapalhar a vida por não conseguir se virar bem com mil libras por ano; é preciso fortalecer os músculos, ganhar guinéus e equilibrar o orçamento. Mas se não for possível fazer com que uma renda de vinte e quatro horas por dia cubra exatamente todos os itens de despesa adequados, a vida fica definitivamente confusa. O suprimento de tempo, embora gloriosamente regular, é cruelmente restrito.

Qual de nós vive vinte e quatro horas por dia? E quando digo "vive", não me refiro a existir, nem a "se atrapalhar". Qual de nós está livre daquela sensação incômoda de que os "grandes departamentos de gastos" de sua vida diária não são administrados como deveriam? Qual de nós tem certeza de que seu belo terno não é superado por um chapéu vergonhoso ou que, ao cuidar da louça, esqueceu-se da qualidade da comida? Qual de nós não está dizendo a si mesmo — ou não tem dito durante toda a vida: "Vou mudar isso quando tiver um pouco mais de tempo"?

Nunca teremos mais tempo. Temos, e sempre tivemos, todo o tempo que existe. Foi a constatação dessa verdade profunda e negligenciada (que, a propósito, eu não descobri) que me levou ao exame prático minucioso do gasto diário de tempo.

O DESEJO DE SUPERAR A PRÓPRIA PROGRAMAÇÃO

"... contentar-se com vinte e quatro horas por dia!"

"Mas", alguém pode comentar, com a desconsideração inglesa de tudo, exceto o ponto, "o que ele está querendo dizer com suas vinte e quatro horas por dia? Não tenho nenhuma dificuldade em viver vinte e quatro horas por dia. Faço tudo o que quero fazer e ainda encontro tempo para participar de concursos de jornais. Certamente é uma questão simples, sabendo que se tem apenas vinte e quatro horas por dia, contentar-se com vinte e quatro horas por dia!"

A você, meu caro senhor, apresento minhas desculpas. O senhor é exatamente o homem que desejo conhecer há cerca de quarenta anos. Por gentileza, envie-me seu nome e endereço e diga qual é o seu custo para me contar como faz isso? Em vez de eu falar com você, você deveria estar falando comigo. Por favor, apresente-se. Estou convencido de que você existe, e o fato de ainda não o ter encontrado é minha perda. Enquanto isso, até que apareça, continuarei conversando com meus companheiros de sofrimento — aquele grupo inumerável de almas que são assombradas, mais ou menos dolorosamente, pela sensação de que os anos passam, passam, passam e passam, e que ainda não conseguiram colocar suas vidas em ordem.

Se analisarmos esse sentimento, perceberemos que ele é, principalmente, de inquietação, de expectativa, de olhar para frente, de aspiração. É uma fonte de constante desconforto, pois se comporta como um esqueleto na festa de todos os nossos prazeres. Vamos ao teatro e rimos, mas entre os atos ele levanta um dedo magro para nós. Corremos violentamente para o último trem e, enquanto ficamos esfriando por um longo tempo na plataforma esperando o último, ele passeia com seus ossos para cima e para baixo ao nosso lado e pergunta: "Ó, homem, o que você fez com sua juventude? O que está fazendo com sua idade?" Você pode argumentar que esse sentimento de olhar continuamente para frente, de aspiração, faz parte da própria vida e é inseparável dela. É verdade!

Mas há graus. Um homem pode desejar ir à Meca. Sua consciência lhe diz que ele deve ir à Meca. Ele parte, com a ajuda do Cook ou sem ajuda; provavelmente nunca chegará a Meca; pode se afogar antes de chegar a Porto Said; pode morrer ingloriamente na costa do Mar Vermelho; seu desejo pode permanecer eternamente frustrado. A aspiração não realizada sempre o incomodará. Mas ele não será atormentado da mesma forma que o homem que, desejando chegar a Meca e atormentado pelo desejo de chegar a Meca, nunca sai de Brixton.

Já é alguma coisa ter saído de Brixton. A maioria de nós não saiu de Brixton. Nem mesmo pegamos um táxi para Ludgate Circus e perguntamos ao Cook o preço de um tour conduzido. E nossa desculpa para nós mesmos é que o dia tem apenas vinte e quatro horas.

Se analisarmos melhor nossa aspiração vaga e incômoda, acho que veremos que ela se origina de uma ideia fixa de que devemos fazer algo além das coisas que somos leal e moralmente obrigados a fazer. Somos obrigados, por vários códigos escritos e não escritos, a manter a nós mesmos e nossas famílias (se houver) com saúde e conforto, a pagar nossas dívidas, a economizar, a aumentar nossa prosperidade por meio do aumento de nossa eficiência. Uma tarefa suficientemente difícil! Uma tarefa que pouquíssimos de nós conseguimos realizar! Uma tarefa que muitas vezes está além de nossas habilidades! No entanto, se formos bem-sucedidos, como às vezes acontece, não estaremos satisfeitos; o esqueleto continua conosco.

E mesmo quando percebemos que a tarefa está além de nossa habilidade, que nossos poderes não conseguem lidar com ela, sentimos que deveríamos ficar menos descontentes se déssemos aos nossos poderes, já sobrecarregados, algo ainda maior para fazer.

E esse é, de fato, o que acontece. O desejo de realizar algo fora de seu programa formal é comum a todos os homens que, no curso da evolução, ultrapassaram um determinado nível.

Até que seja feito um esforço para satisfazer esse desejo, a sensação de espera inquieta por algo que ainda não começou continuará a perturbar a paz da alma. Esse desejo é chamado de vários nomes. É uma forma do desejo universal de conhecimento. E é tão forte que homens cujas vidas inteiras foram dedicadas à aquisição sistemática de conhecimento, foram levados por ele a ultrapassar os limites de seu programa em busca de ainda mais conhecimento. Até mesmo Herbert Spencer, em minha opinião, a maior mente que já existiu, foi muitas vezes forçado por esse desejo a entrar em agradáveis refúgios de pesquisa.

Imagino que, na maioria das pessoas que têm consciência do desejo de viver — ou seja, pessoas com curiosidade intelectual —, a aspiração de superar os programas formais assume uma forma literária. Elas gostariam de embarcar em um curso de leitura. Decididamente, o povo britânico está se tornando cada vez mais literário. Mas eu gostaria de salientar que a literatura não abrange, de forma alguma, todo o campo do conhecimento, e que a inquietante sede de melhorar a si mesmo — aumentar seu conhecimento — pode muito bem ser saciada independentemente da literatura. Tratarei das várias formas de saciar essa sede mais tarde. Aqui, eu apenas indico àqueles que não têm simpatia natural pela literatura que ela não é o único poço.

PRECAUÇÕES ANTES DE COMEÇAR

“Você pode virar uma nova página a cada hora, se quiser.”

Agora que consegui (se é que consegui) persuadi-lo a admitir para si mesmo que você é constantemente assombrado por uma insatisfação reprimida com a organização de sua vida diária; e que a causa principal dessa insatisfação inconveniente é a sensação de que você está diariamente deixando de fazer algo que gostaria de fazer e que, na verdade, sempre espera fazer quando tiver "mais tempo"; e agora que chamei sua atenção para a verdade gritante e deslumbrante de que você nunca terá "mais tempo", pois já tem todo o tempo que existe, você espera que eu lhe conte algum segredo maravilhoso por meio do qual você possa se aproximar do ideal de uma organização perfeita do dia e, portanto, se livrar dessa decepção diária assombrosa e desagradável de coisas deixadas de fazer!

Não encontrei esse segredo maravilhoso. Nem espero encontrá-lo, nem espero que alguém o encontre. Ele não foi descoberto. Quando você começou a ouvir minhas orientações, talvez tenha havido uma ressurreição da esperança em seu peito. Talvez tenha dito a si mesmo: "Este homem me mostrará uma maneira fácil e não cansativa de fazer o que há tanto tempo desejo em vão fazer". Infelizmente, não! O fato é que não existe caminho fácil, nem estrada real. O caminho para Meca é extremamente difícil e pedregoso, e o pior de tudo é que você nunca chega lá.

A mais importante preliminar para a tarefa de organizar a própria vida de modo que se possa viver plena e confortavelmente no orçamento diário de vinte e quatro horas é a serena compreensão da extrema dificuldade da tarefa, dos sacrifícios e do esforço interminável que ela exige. Nunca é demais insistir nesse ponto.

Se você imagina que conseguirá atingir seu ideal planejando engenhosamente um cronograma com uma caneta em um pedaço de papel, é melhor perder as esperanças imediatamente. Se você não estiver preparado para desânimos e desilusões; se não se contentar com um pequeno resultado para um grande esforço, então não comece.

Deite-se novamente e retome o sono incômodo que você chama de sua existência.

É muito triste, não é? Muito deprimente e sombrio? No entanto, acho que é ótima também essa necessidade de um tenso fortalecimento da vontade antes que se possa fazer qualquer coisa que valha a pena. Eu mesmo gosto bastante disso. Sinto que é a principal coisa que me diferencia do gato perto da lareira.

"Bem", você diz, "suponha que eu esteja preparado para a batalha. Suponha que eu tenha ponderado e compreendido cuidadosamente suas pesadas observações; como devo começar?" Caro senhor, simplesmente comece. Não existe um método mágico para começar. Se um homem que estivesse na beira de uma piscina e quisesse pular na água fria, lhe perguntasse: "Como faço para começar a pular?", você apenas responderia: "Simplesmente pule. Controle seus nervos e pule".

Como eu disse anteriormente, a principal beleza do fornecimento constante de tempo é que você não pode desperdiçá-lo antecipadamente. O próximo ano, o próximo dia, a próxima hora estão prontos para você, tão perfeitos, tão intactos, como se você nunca tivesse desperdiçado ou aplicado mal um único momento em toda a sua carreira. Esse fato é muito gratificante e reconfortante. Você pode virar uma nova página a cada hora, se quiser. Portanto, não adianta esperar até a próxima semana, ou mesmo até amanhã. Você pode achar que a água estará mais quente na próxima semana. Não estará. Estará mais fria.

Mas antes de começar, deixe-me sussurrar algumas palavras de advertência em seu ouvido.

Permitam-me adverti-los, principalmente contra seu próprio ardor. O ardor em fazer o bem é uma coisa enganosa e traiçoeira. Ele grita por emprego; você não pode satisfazê-lo no início; ele quer mais e mais; está ansioso para mover montanhas e desviar o curso dos rios. Ele não se contenta até transpirar. E então, com muita frequência, quando sente a transpiração em sua testa, ela se cansa de repente e morre, sem sequer se dar ao trabalho de dizer: "Estou farto disso".

Cuidado para não empreender demais no início. Contente-se com um pouco. Permita acidentes. Permita a natureza humana, especialmente a sua própria.

Um fracasso ou outro, por si só, não teria importância se não acarretasse uma perda de autoestima e de autoconfiança. Mas, assim como nada é tão bem-sucedido quanto o sucesso, nada é tão fracassado quanto o fracasso. A maioria das pessoas que se arruína é prejudicada por tentar demais. Portanto, ao nos lançarmos no imenso empreendimento de viver plena e confortavelmente dentro dos estreitos limites de vinte e quatro horas por dia, evitemos a qualquer custo o risco de um fracasso precoce. Não concordo que, nesse negócio, de qualquer forma, um fracasso glorioso seja melhor do que um sucesso insignificante. Sou totalmente a favor do pequeno sucesso. Um fracasso glorioso não leva a nada; um sucesso insignificante pode levar a um sucesso que não é irrelevante.

Portanto, comecemos a examinar o orçamento do tempo do dia. Você diz que seu dia já está cheio até transbordar. Como? Você realmente gasta para ganhar seu sustento — quanto? Sete horas, em média? E no sono de fato, sete? Acrescentarei duas horas e serei generoso. E vou desafiá-lo a me contar, de improviso, as outras oito horas.

A CAUSA DOS PROBLEMAS

"Há homens que precisam trabalhar mais tempo para viver, mas há outros que não precisam trabalhar tanto tempo."

Para abordar de imediato a questão do gasto de tempo em toda a sua realidade, preciso escolher um caso individual para examinar. Só posso lidar com um caso, e esse caso não pode ser o caso médio, porque não existe um caso médio, assim como não existe um homem médio. Cada homem e o caso de cada são especiais.

Mas se eu tomar o caso de um londrino que trabalha em um escritório, cujo horário de expediente é das 10:00 h às 18:00 h, e que gasta cinquenta minutos de manhã e à noite no trajeto entre a porta de sua casa e a porta do escritório, terei chegado o mais próximo da média que os fatos permitirem. Há homens que precisam trabalhar mais tempo para viver, mas há outros que não precisam trabalhar tanto tempo.

Felizmente, o lado financeiro da existência não nos interessa aqui; para o nosso propósito atual, o funcionário que ganha uma libra por semana está exatamente tão bem quanto o milionário em Carlton House-Terrace[3].

Agora, o grande e profundo erro que meu homem típico comete em relação ao seu dia é um erro de atitude geral, um erro que vicia e enfraquece dois terços de suas energias e interesses. Geralmente, ele não sente exatamente uma paixão por seu negócio; na melhor das hipóteses, ele não gosta dele. Ele começa suas funções comerciais com relutância, o mais tarde que pode, e as termina com alegria, o mais cedo que pode. E seus motores, enquanto ele está engajado em seus negócios, raramente estão em sua potência máxima. (Sei que serei acusado por leitores furiosos de estar falando mal do trabalhador da cidade, mas conheço muito bem a cidade e mantenho o que digo).

No entanto, apesar de tudo isso, ele persiste em considerar aquelas horas das 10:00 h às 18:00 h como "o dia", para o qual as dez horas que as precedem e as seis horas que as seguem não passam de um prólogo

3 Carlton House Terrace é uma prestigiosa rua de residências históricas localizada em Londres, perto do St. James's Park e da Pall Mall. As mansões da Carlton House Terrace foram projetadas pelo arquiteto John Nash no início do século XIX e são conhecidas por sua arquitetura neoclássica. (N. do T.)

e um epílogo. Essa atitude, por mais inconsciente que seja, naturalmente mata seu interesse pelas dezesseis horas ímpares, o que faz com que, mesmo que não as desperdice, ele não as conte; ele as considera simplesmente como margem.

Essa atitude geral é totalmente ilógica e doentia, pois dá formalmente a proeminência central a um pedaço de tempo e a um conjunto de atividades que a única ideia do homem é "passar" e "terminar". Se um homem torna dois terços de sua existência subservientes a um terço, para o qual, reconhecidamente, ele não tem um entusiasmo absolutamente febril, como ele pode esperar viver plena e completamente? Não pode.

Se esse homem típico deseja viver plena e completamente, ele deve, em sua mente, organizar um dia em um dia. E esse dia interno, uma caixa chinesa dentro de uma caixa chinesa maior, deve começar às 18:00 h e terminar às 10:00 h. É um dia de dezesseis horas; e durante todas essas dezesseis horas ele não tem nada a fazer a não ser cultivar seu corpo, sua alma e seus semelhantes. Durante essas dezesseis horas, ele está livre; não é um assalariado; não está preocupado com preocupações monetárias; é tão bom quanto um homem com uma renda privada. Essa deve ser sua atitude. E sua atitude é muito importante. Seu sucesso na vida (muito mais importante do que a quantidade de bens sobre os quais seus testamenteiros terão de pagar impostos) depende disso.

O quê? Você diz que a energia total dada a essas dezesseis horas diminuirá o valor das oito horas de trabalho? Não é bem assim. Pelo contrário, com certeza aumentará o valor das oito horas de trabalho. Uma das principais coisas que meu homem típico tem de aprender é que as faculdades mentais conseguem uma atividade contínua e árdua; elas não se cansam como um braço ou uma perna. Tudo o que elas querem é mudança — não descanso, exceto no sono.

Examinarei agora o método atual do homem típico de empregar as dezesseis horas que são inteiramente suas, começando com sua revolta. Apenas indicarei as coisas que ele faz e que acho que não deveria fazer, adiando minhas sugestões para "plantar" as horas que terei liberado — como um colono libera espaços em uma floresta.

Para fazer justiça a ele, devo dizer que ele perde muito pouco tempo antes de sair de casa às 9:10 h. Em muitas casas, ele se levanta às nove, toma o café da manhã entre 9:15 h e 9:30 h e depois sai. Mas assim que bate a porta da frente, suas faculdades mentais, que são incansáveis, ficam ociosas. Ele caminha até a estação em uma condição de coma mental.

Chegando lá, ele geralmente tem que esperar pelo trem. Em centenas de estações suburbanas, todas as manhãs, você vê homens passeando calmamente para cima e para baixo nas plataformas, enquanto as empresas ferroviárias roubam-lhes descaradamente o tempo, que é mais do que dinheiro. Assim, centenas de milhares de horas são perdidas todos os dias, simplesmente porque o homem típico pensa tão pouco no tempo que nunca lhe ocorreu tomar precauções fáceis contra o risco de sua perda.

Ele tem uma moeda sólida de tempo para gastar todos os dias — chame-a de soberana. Ele precisa receber o troco por ela e, ao recebê-lo, se contenta em perder muito.

Supondo que, ao vender-lhe uma passagem, a empresa dissesse: "Trocaremos um soberano, mas cobraremos três centavos por isso", o que meu homem típico exclamaria? No entanto, esse é o equivalente ao que a empresa faz quando lhe rouba cinco minutos duas vezes por dia.

Você diz que estou lidando com minúcias. E estou mesmo. E mais tarde vou me justificar.

Agora, por favor, compre seu jornal e entre no trem.

TÊNIS E A ALMA IMORTAL

“Está na hora de pensar em ir para a cama.”

Você entra no trem da manhã com seu jornal e, calma e majestosamente, entrega-se à leitura. Você não se apressa. Você sabe que tem pelo menos meia hora de segurança à sua frente. Enquanto seu olhar se detém ociosamente nos anúncios de transporte e de músicas nas páginas externas, seu ar é o ar de um homem de luxo, rico no tempo, de um homem de algum planeta onde há cento e vinte e quatro horas por dia em vez de vinte e quatro. Sou um leitor apaixonado de jornais. Leio cinco diários ingleses e dois franceses, e só os vendedores de jornais sabem quantos semanários compro regularmente. Sou obrigado a mencionar esse fato pessoal para que não me acusem de preconceito contra os jornais quando digo que sou contra a leitura deles no trem da manhã. Os jornais são produzidos com rapidez, para serem lidos com rapidez. Não há lugar em meu programa diário para jornais. Eu os leio sempre que posso, em momentos inesperados. Mas eu os leio. A ideia de dedicar a eles trinta ou quarenta minutos consecutivos de maravilhosa solidão (pois em nenhum lugar é possível mergulhar mais perfeitamente em si mesmo do que em um compartimento cheio de homens silenciosos, retraídos e fumantes) é repugnante para mim. Não posso permitir que você espalhe pérolas inestimáveis de tempo com tanta generosidade oriental. Você não é o xá do tempo. Deixe-me lembrá-lo respeitosamente de que você não tem mais tempo do que eu. Nada de ler jornais nos trens! Eu já "guardei" cerca de três quartos de hora para uso.

Agora você chega ao seu escritório. E eu o deixo lá até as seis horas. Estou ciente de que você tem nominalmente uma hora (muitas vezes, na realidade, uma hora e meia) no meio do dia, sendo que menos da metade desse tempo é dedicada à alimentação. Mas deixarei tudo isso para você gastar como quiser. Então, podem ler seus jornais.

Eu o encontro novamente quando você sai do seu escritório. Você está pálido e cansado. De qualquer forma, sua esposa diz que você está pálido e você dá a entender a ela que está cansado. Durante a viagem de volta para casa, você vem desenvolvendo gradualmente a sensação de cansaço. A sensação de cansaço paira pesadamente sobre os poderosos subúrbios de Londres como uma nuvem virtuosa e melancólica, especialmente no inverno. Você não come imediatamente ao chegar em casa. Mas em cerca de uma hora você sente que pode se sentar e se alimentar um pouco. E você o faz. Então você fuma, seriamente; vê amigos; brinca; joga cartas; flerta com um livro; percebe que a velhice está chegando; dá um passeio; acaricia o piano... Puxa vida! São onze e quinze. Depois, dedica uns quarenta minutos a pensar em ir para a cama; e é possível que beba um uísque genuinamente bom. Finalmente, você vai para a cama, exausto pelo trabalho do dia. Seis horas, provavelmente mais, se passaram desde que você saiu do escritório — passaram como um sonho, como mágica, inexplicavelmente desapareceram!

Esse é um exemplo de caso justo. Mas você diz: "Está tudo muito bem para você falar. Um homem está cansado. Um homem precisa ver seus amigos. Ele não pode estar sempre em movimento". É isso mesmo. Mas quando você combina de ir ao teatro (especialmente com uma mulher bonita), o que acontece? Você corre para os subúrbios; não poupa trabalho para ficar glorioso em roupas finas; corre de volta para a cidade em outro trem; fica no trecho por quatro horas, se não cinco; leva-a para casa; volta para casa. Você não passa três quartos de hora "pensando" em ir para a cama. Você vai. Os amigos e o cansaço foram igualmente esquecidos, e a noite pareceu tão extraordinariamente longa (ou talvez curta demais)! E você se lembra daquela vez em que foi persuadido a cantar no coro da sociedade de ópera amadora e trabalhou duas horas a cada duas noites durante três meses? Você pode negar que, quando tem algo definido pelo qual ansiar ao anoitecer, algo que deve empregar toda a sua energia, a ideia desse algo dá um brilho e uma vitalidade mais intensa ao dia inteiro?

O que sugiro é que, às 18:00 h, você olhe para os fatos e admita que não está cansado (porque não está, você sabe) e que organize sua noite de modo que ela não seja cortada no meio por uma refeição. Ao fazer isso, você terá um espaço livre de pelo menos três horas. Não estou sugerindo que você deva empregar três horas todas as noites de sua vida para usar sua energia mental. Mas sugiro que você possa, para começar, empregar uma hora e meia a cada duas noites em algum cultivo importante e consecutivo da mente. Ainda lhe restarão três noites para amigos, bridge, tênis, cenas domésticas, leituras estranhas, cachimbos, jardinagem, vasos e competições de prêmios. Você ainda terá a incrível riqueza de quarenta e cinco horas entre as 14:00 h de sábado e as 10:00 h de segunda-feira. Se você perseverar, logo desejará passar quatro noites, e talvez cinco, em algum esforço contínuo para estar genuinamente vivo. E você perderá o hábito de murmurar para si mesmo às 23:15 h: "Está na hora de pensar em ir para a cama". O homem que começa a ir para a cama quarenta minutos antes de abrir a porta de seu quarto está entediado, ou seja, não está vivendo.

Mas lembre-se, no início, que esses noventa minutos noturnos, três vezes por semana, devem ser os minutos mais importantes dos dez mil e oitenta. Eles devem ser sagrados, tão sagrados quanto um ensaio dramático ou uma partida de tênis. Em vez de dizer: "Desculpe-me por não poder vê-lo, meu velho, mas tenho que ir ao clube de tênis", você deve dizer: "... mas tenho que trabalhar". Isso, admito, é extremamente difícil de dizer. O tênis é muito mais urgente do que a alma imortal.

LEMBRE-SE DA NATUREZA HUMANA

“Certamente, mais tempo
poderia ser dedicado ao
cultivo de si mesmo.”

A propósito, mencionei a vasta extensão de quarenta e quatro horas entre a saída do trabalho às 14:00 h de sábado e o retorno ao trabalho às 10:00 h de segunda-feira. E aqui devo abordar a questão de se a semana deve ser composta de seis ou sete dias. Por muitos anos — na verdade, até eu estar chegando aos quarenta — minha semana consistia em sete dias. Eu era constantemente informado por pessoas mais velhas e mais sábias de que mais trabalho, mais vida genuína, poderia ser obtida em seis dias do que em sete.

E é certamente verdade que agora, com um dia em cada sete em que não sigo nenhum programa e não faço nenhum esforço, exceto o que o capricho do momento dita, aprecio intensamente o valor moral de um descanso semanal. No entanto, se eu tivesse que refazer minha vida, faria novamente o que fiz. Somente aqueles que viveram a todo vapor sete dias por semana por um longo tempo podem apreciar a beleza de um ócio regular e recorrente. Além disso, estou envelhecendo. E isso é uma questão de idade. Em casos de juventude abundante, energia excepcional e desejo de esforço, eu diria sem hesitar: continue, dia após dia.

Mas no caso comum, eu diria: limite seu programa formal (super programa, quero dizer) a seis dias por semana. Se desejar estendê-lo, estenda-o, mas apenas na proporção de seu desejo; considere o tempo extra como um ganho inesperado, não como uma renda regular, para poder retornar a um programa de seis dias sem a sensação de ser mais pobre, de estar perdido.

Vamos agora ver em que pé estamos. Até agora, marcamos para economizar do desperdício de dias, meia hora pelo menos em seis manhãs por semana, e uma hora e meia em três noites por semana. No total, sete horas e meia por semana.

Proponho me contentar com essas sete horas e meia por enquanto. "O quê?", você grita. "Você pretende nos mostrar como viver e só se contenta com sete horas e meia de um total de cento e sessenta e oito! Você fará um milagre com suas sete horas e meia?" Bem, sem querer ser superficial, eu vou — se o senhor gentilmente me permitir! Ou seja, pedirei que tente realizar uma experiência que, embora perfeitamente natural e explicável, tem todo o ar de um milagre. Meu argumento é que o uso pleno dessas sete horas e meia acelerará toda a vida da semana, acrescentando entusiasmo a ela e aumentando o interesse que você sente até mesmo nas ocupações mais banais. Você pratica exercícios físicos por apenas dez minutos de manhã e à noite e, ainda assim, não se surpreende quando sua saúde e força física são afetadas de forma benéfica a cada hora do dia, e toda a sua perspectiva física muda. Por que você deveria se surpreender com o fato de que uma média de mais de uma hora por dia dedicada à mente possa animar permanente e completamente toda a atividade mental?

Certamente, mais tempo poderia ser dedicado ao cultivo de si mesmo. E, na proporção em que o tempo fosse maior, os resultados seriam melhores. Mas prefiro começar com o que parece ser um esforço insignificante.

Não é realmente um esforço insignificante, como descobrirão aqueles que ainda não o fizeram. "Desbravar" até mesmo sete horas e meia da selva é razoavelmente difícil. Pois é preciso fazer algum sacrifício. Pode-se ter gasto mal o tempo, mas gastou-se; fez-se algo com ele, por mais imprudente que tenha sido. Fazer outra coisa significa uma mudança de hábitos.

E é muito difícil mudar hábitos! Além disso, qualquer mudança, mesmo uma mudança para melhor, é sempre acompanhada de desvantagens e desconfortos. Se você imagina que poderá dedicar sete horas e meia por semana a um esforço sério e contínuo e ainda viver sua vida antiga, está enganado. Repito que será necessário algum sacrifício e uma enorme força de vontade. E é porque conheço a dificuldade, é porque conheço o efeito quase desastroso do fracasso em tal empreendimento, que aconselho sinceramente um começo muito humilde. Você deve proteger seu respeito próprio. O respeito próprio é a raiz de todo propósito, e o fracasso em um empreendimento deliberadamente planejado fere desesperadamente o respeito próprio. Por isso, repito e reitero: comece com calma, sem ostentação.

Quando você tiver dedicado conscientemente sete horas e meia por semana ao cultivo de sua vitalidade por três meses, então poderá começar a cantar mais alto e dizer a si mesmo as coisas maravilhosas que pode fazer.

Antes de abordar o método de utilização das horas indicadas, tenho uma última sugestão a fazer. No que diz respeito às noites, permita muito mais do que uma hora e meia para fazer o trabalho de uma hora e meia. Lembre-se da chance de acidentes. Lembre-se da natureza humana. E dê a si mesmo, digamos, das 9:00 h às 11:30 h para sua tarefa de noventa minutos.

CONTROLANDO A MENTE

"O controle da mente é o primeiro elemento de uma existência plena."

As pessoas dizem: "Não podemos evitar nossos pensamentos". Mas é possível. O controle da máquina de pensar é perfeitamente possível. E, como nada nos acontece fora de nosso próprio cérebro; como nada nos machuca ou nos dá prazer, a não ser dentro do cérebro, é fundamental a importância suprema de poder controlar o que acontece nesse misterioso cérebro. Essa ideia é um dos chavões mais antigos, mas é um chavão cuja profunda verdade e urgência a maioria das pessoas vive e morre sem perceber. As pessoas reclamam da falta de poder de concentração, sem saber que podem adquirir esse poder, se quiserem.

E sem o poder de concentração — ou seja, sem o poder de ditar ao cérebro sua tarefa e garantir a obediência — a verdadeira vida é impossível. O controle da mente é o primeiro elemento de uma existência plena.

Portanto, parece-me que a primeira atividade do dia deve ser colocar a mente em seu ritmo. Você cuida de seu corpo, por dentro e por fora; corre um sério risco ao arrancar os pelos de sua pele; emprega todo um exército de indivíduos, desde o leiteiro até o matador de porcos, para permitir que você suborne seu estômago para que se comporte decentemente. Por que não dedicar um pouco de atenção ao mecanismo muito mais delicado da mente, especialmente porque você não precisará de ajuda externa? É para essa parte da arte e do ofício de viver que reservei o tempo que vai do momento em que você sai de sua porta até o momento em que chega ao seu escritório.

"O quê? Devo cultivar minha mente na rua, na plataforma, no trem e na rua lotada de novo?" Exatamente. Nada mais simples! Não são necessárias ferramentas! Nem mesmo um livro. No entanto, o processo não é fácil.

Quando sair de casa, concentre sua mente em um assunto (não importa qual, para começar). Você não terá andado nem dez metros antes que sua mente tenha fugido sob seus olhos e esteja brincando na esquina com outro assunto.

Traga-a de volta pela nuca. Antes de chegar à estação, você a terá trazido de volta umas quarenta vezes. Não se desespere. Continue. Mantenha-se firme. Você terá sucesso. Se você perseverar, não poderá falhar de forma alguma. É ocioso fingir que sua mente é incapaz de se concentrar. Você não se lembra daquela manhã em que recebeu uma carta inquietante que exigia uma resposta redigida com muito cuidado? Como manteve sua mente firmemente concentrada no assunto da resposta, sem um segundo de intervalo, até chegar ao seu escritório e, então, imediatamente se sentou e escreveu a resposta? Esse foi um caso em que você foi despertado pelas circunstâncias a tal grau de vitalidade que conseguiu dominar sua mente como um tirano. Você não queria brincadeiras. Insistiu para o trabalho ser feito, e o trabalho foi feito.

Por meio da prática regular da concentração (para a qual não há segredo — exceto o segredo da perseverança), você pode dominar sua mente (que não é a parte mais elevada de *você*) a cada hora do dia e em qualquer lugar. O exercício é muito conveniente. Se você entrasse em seu trem matinal com um par de halteres para os músculos ou uma enciclopédia em dez volumes para o aprendizado, provavelmente provocaria comentários. Mas ao andar na rua, ou sentar-se no canto do compartimento atrás de um cachimbo, ou "pendurar a correia" no metrô, quem saberá que você está envolvido no mais importante dos atos diários? Que galanteador estúpido pode rir de você?

Não me importa no que você se concentra, desde que se concentre. O que conta é a mera disciplina da máquina de pensar. Mas, ainda assim, você pode matar dois coelhos com uma cajadada só e se concentrar em algo útil. Sugiro — é apenas uma sugestão — um pequeno capítulo de Marco Aurélio ou Epíteto.

Peço que não se acanhe com seus nomes. Pessoalmente, não conheço nada mais "atual", mais repleto de bom senso, aplicável à vida cotidiana de pessoas simples como você e eu (que detestam ares, poses e bobagens) do que Marco Aurélio ou Epíteto. Leia um capítulo — e os capítulos são tão curtos! — Leia ao anoitecer e concentre-se nele na manhã seguinte. Você verá.

Sim, meu amigo, é inútil tentar disfarçar o fato. Posso ouvir seu cérebro como um telefone ao meu ouvido. Você está dizendo para si mesmo: "Esse sujeito estava indo muito bem até o sétimo capítulo. Ele começou a me interessar um pouco. Mas o que ele diz sobre pensar em trens, concentração e assim por diante, não é para mim. Pode ser bom o suficiente para algumas pessoas, mas não faz parte do meu estilo".

É para você, repito com paixão; é para você. Na verdade, você é exatamente o homem que quero atingir.

Jogue fora a sugestão e você jogará fora a opinião mais preciosa que já lhe foi oferecida. A sugestão não é minha. É a sugestão dos homens mais sensatos, práticos e obstinados que já passaram pela Terra. Eu apenas a dou de segunda mão. Experimente-a. Tenha sua mente sob controle. E veja como o processo cura metade dos males da vida — especialmente a preocupação, essa doença miserável, evitável e vergonhosa — a preocupação!

O CLIMA DE REFLEXÃO

“Homem, conhece-te
a ti mesmo.”

O exercício de concentração da mente (ao qual se deve dedicar pelo menos meia hora por dia) é uma mera preliminar, como as escalas do piano. Após adquirir poder sobre o membro mais indisciplinado de seu complexo organismo, é natural que seja necessário submetê-lo ao jugo. É inútil possuir uma mente obediente a menos que se lucre o máximo possível com sua obediência. É indicado um curso primário de estudo prolongado.

Agora, quanto a qual deve ser esse curso de estudo, não há dúvida alguma; nunca houve dúvida alguma. Todas as pessoas sensatas de todas as épocas concordam com isso. E não se trata de literatura, nem de qualquer outra arte, nem de história, nem de qualquer ciência. É o estudo de si mesmo. Homem, conheça a si mesmo. Essas palavras são tão banais que realmente me envergonho de escrevê-las. No entanto, elas devem ser escritas, pois precisam ser escritas. (Retiro meu rubor, envergonhado.) Homem, conhece-te a ti mesmo. Digo isso em voz alta. A frase é uma daquelas frases com as quais todos estão familiarizados, das quais todos reconhecem o valor, e que somente os mais sagazes colocam em prática. Não sei por quê. Estou totalmente convencido de que o que mais falta na vida do homem médio e bem-intencionado de hoje é a disposição para refletir.

Nós não refletimos. Quero dizer que não refletimos sobre coisas genuinamente importantes; sobre o problema de nossa felicidade, sobre a direção principal em que estamos indo, sobre o que a vida está nos dando, sobre a participação que a razão tem (ou não tem) na determinação de nossas ações e sobre a relação entre nossos princípios e nossa conduta.

No entanto, você está em busca da felicidade, não está? Já a descobriu?

As chances são de que não. É provável que já tenha passado a acreditar que a felicidade é inatingível. Mas os homens a alcançaram. E eles a alcançaram ao perceberem que a felicidade não decorre da obtenção de prazer físico ou mental, mas do desenvolvimento da razão e do ajuste da conduta aos princípios.

Suponho que você não terá a audácia de negar isso. E se admitir, e ainda assim não dedicar parte do seu dia à consideração deliberada de sua razão, princípios e conduta, você também admite que, enquanto se esforça para alcançar uma determinada coisa, está regularmente deixando de lado o único ato necessário para alcançá-la.

E agora, quem deve ficar envergonhado, eu ou você?

Não receie que eu queira impor certos princípios à sua atenção. Não me interessa (agora) quais são seus princípios. Seus princípios podem induzi-lo a acreditar na justiça do roubo. Não me importo. Tudo o que insisto é que uma vida na qual a conduta não está de acordo com os princípios é uma vida tola; e que a conduta só pode estar de acordo com os princípios por meio de exame diário, reflexão e resolução. O que leva à tristeza permanente dos ladrões é o fato de seus princípios serem contrários ao roubo. Se eles acreditassem genuinamente na excelência moral do roubo, a servidão penal significaria simplesmente muitos anos felizes para eles; todos os mártires são felizes, porque sua conduta e seus princípios concordam.

Quanto à razão (que cria a conduta e não está desconectada da criação de princípios), ela desempenha um papel muito menor em nossas vidas do que imaginamos. Supõe-se que sejamos razoáveis, mas somos muito mais instintivos do que razoáveis. E quanto menos refletirmos, menos razoáveis seremos. Da próxima vez que ficar irritado com o garçom porque o seu bife está muito cozido, peça à razão para entrar na sala de reuniões da sua mente e consultá-la. Ela provavelmente lhe dirá que o garçom não cozinhou e que não tinha controle sobre o ponto do bife; e que, mesmo que ele fosse o único culpado, você não conseguiu nada de bom ao se irritar; você apenas perdeu sua dignidade, pareceu um tolo aos olhos de homens sensatos e azedou o garçom, sem produzir nenhum efeito no bife.

O resultado dessa consulta à razão (pela qual ela não cobra nada) será que, quando seu bife estiver cozido demais mais uma vez, você tratará o garçom como um semelhante, manterá a calma com um espírito gentil e insistirá educadamente em pedir um bife novo. O ganho será óbvio e sólido.

Na formação ou modificação de princípios e na prática da conduta, muita ajuda pode ser obtida de livros impressos (publicados a partir de seis centavos cada). Mencionei em meu último capítulo Marco Aurélio e Epíteto. Algumas obras ainda mais conhecidas virão imediatamente à memória. Também posso mencionar Pascal, La Bruyere e Emerson.

Quanto a mim, não me vejo viajando sem meu Marco Aurélio. Sim, os livros são valiosos. Mas a leitura de livros não substituirá um exame diário, sincero e honesto do que fizemos recentemente e do que estamos prestes a fazer — de um olhar firme para nós mesmos (por mais desconcertante que seja).

Quando essa importante tarefa será cumprida? A solidão da viagem noturna para casa me parece adequada para isso. Um estado de espírito reflexivo naturalmente se segue ao esforço de ter ganho a vida do dia. É claro que se, em vez de cumprir um dever elementar e profundamente importante, você preferir ler o jornal (que poderia muito bem ler enquanto espera pelo jantar), não tenho nada a dizer. Mas, em algum momento do dia, você deve se dedicar a isso. Agora, falarei do horário noturno.

INTERESSE PELAS ARTES

“Não é crime não gostar literatura.”

Muitas pessoas seguem um curso regular e ininterrupto de ociosidade à noite porque acham que não há alternativa ao repouso a não ser o estudo da literatura; e elas não têm gosto por literatura. Esse é um grande erro.

É claro que é impossível, ou pelo menos muito difícil, estudar adequadamente qualquer coisa sem a ajuda de livros impressos. Mas se você quiser entender os profundos aspectos da construção de pontes ou navios, não será impedido de ler os melhores livros sobre esses assuntos devido à sua falta de interesse por literatura. Devemos, portanto, distinguir entre literatura e livros que tratam de assuntos não literários. Falarei sobre literatura no devido tempo.

Permitam-me agora observar àqueles que nunca leram Meredith e que são capazes de não se comover com uma discussão sobre se o Sr. Stephen Phillips é ou não um verdadeiro poeta, que eles estão perfeitamente dentro de seus direitos. Não é um crime não gostar de literatura. Não é um sinal de imbecilidade. Os mandarins da literatura ordenarão a execução imediata do infeliz indivíduo que não compreender, digamos, a influência de Wordsworth em Tennyson. Mas isso é apenas seu cinismo. Onde eles estariam, eu me pergunto, se fossem solicitados a explicar as influências que contribuíram para a criação da *Sinfonia Patética* de Tchaikovski?

Há enormes campos de conhecimento fora da literatura que produzirão resultados magníficos para os cultivadores. Por exemplo, (já que acabei de mencionar a peça musical de alta classe mais popular na Inglaterra atualmente), lembro-me de que os Concertos Promenade[4] começam em agosto. Você vai a eles. Você fuma seu charuto ou cigarro (e lamento dizer que você risca seus fósforos durante os compassos

4 Os Concertos Promenade, também conhecidos como The Proms, são uma famosa série anual de concertos de música clássica que ocorrem principalmente no Royal Albert Hall, em Londres. O termo "Promenade" vem da prática, no século XIX, de permitir que o público circulasse ou "passeasse" (promenading) durante as apresentações, com ingressos mais acessíveis para os espectadores que ficavam em pé. (N. do T.)

suaves da abertura de *Lohengrin*) e aprecia a música. Mas você diz que não sabe tocar piano ou violino, ou mesmo banjo; que não sabe nada de música.

O que isso importa? O fato de que você tem um gosto genuíno pela música é comprovado pelo fato de que, para encher a sala com você e seus colegas, o maestro é obrigado a oferecer programas nos quais a música ruim é quase totalmente excluída (uma mudança em relação aos velhos tempos de Covent Garden!).

Agora, certamente, a sua incapacidade de executar *The Maiden's Prayer* em um piano não precisa impedi-lo de se familiarizar com a construção da orquestra que você ouve algumas noites por semana durante alguns meses! Do jeito que as coisas estão, você provavelmente pensa na orquestra como uma massa heterogênea de instrumentos que produzem uma massa sonora confusa e agradável. Você não ouve os detalhes porque nunca treinou seus ouvidos para ouvir detalhes.

Se lhe pedissem para dizer o nome dos instrumentos que tocam o grande tema no início da sinfonia em dó menor, você não conseguiria dizer o nome deles nem que fosse por sua própria vida. No entanto, você admira a sinfonia em dó menor. Ela o emocionou. Ela o emocionará novamente. Você até falou sobre ela, em um clima expansivo, para aquela senhora — você sabe a quem me refiro. E tudo o que você pode afirmar positivamente sobre a sinfonia em dó menor é que Beethoven a compôs e que ela é uma "coisa muito boa".

Agora, se você leu, digamos, o livro *Como Ouvir Música,* do Sr. Krehbiel (que pode ser comprado em qualquer livraria por menos do que o preço de uma barraca na Alhambra, e que contém fotografias de todos os instrumentos orquestrais e planos de arranjo de orquestras), você iria a um concerto de passeio com uma surpreendente intensificação do interesse nele. Em vez de uma massa confusa, a orquestra lhe pareceria o que ela é — um organismo maravilhosamente equilibrado, cujos grupos de membros têm, cada um, uma função diferente e indispensável. Você espiaria os instrumentos e ouviria seus respectivos sons. Você conheceria o abismo que separa um chifre francês de um chifre inglês e perceberia por que um tocador de oboé recebe salários mais altos do que um violinista, embora o violino seja o instrumento mais difícil. Você viveria em um concerto de baile, enquanto antes apenas existia em um estado de coma beatífico, como um bebê olhando para um objeto brilhante.

As bases de um conhecimento genuíno e sistemático de música podem ser estabelecidas. Você pode se especializar em uma determinada forma de música (como a sinfonia) ou nas obras de um determinado compositor. Ao final de um ano de quarenta e oito semanas de três breves noites cada, combinadas com um estudo de programas e presenças em concertos escolhidos a partir de seu conhecimento crescente, você realmente saberia algo sobre música, mesmo que estivesse longe de tocar *The Maiden's Prayer* no piano.

"Mas eu odeio música!", você diz. Meu caro senhor, eu o respeito.

O que se aplica à música se aplica às outras artes. Eu poderia mencionar *Como Olhar Para as Fotos*, do Sr. Clermont Witt, ou *Como Avaliar a Arquitetura*, do Sr. Russell Sturgis, como inícios (apenas inícios) de um conhecimento sistemático e vitalizante em outras artes, cujos materiais de estudo são abundantes em Londres.

"Eu odeio todas as artes!", você diz. Meu caro senhor, eu o respeito cada vez mais.

Tratarei de seu caso a seguir, antes de abordar a literatura.

NADA NA VIDA É MONÓTONO

“Você não precisa se dedicar
às artes, nem à literatura,
para viver plenamente.”

A arte é algo fantástico. Mas não é o mais importante. A mais importante de todas as percepções é a percepção contínua de causa e efeito — em outras palavras, a percepção do desenvolvimento contínuo do universo — em outras palavras ainda, a percepção do curso da evolução. Quando uma pessoa tem completamente impregnada em sua cabeça a verdade fundamental de que nada acontece sem uma causa, ela se torna não apenas uma pessoa de mente grande, mas também de coração grande.

É difícil ter o relógio roubado, mas a pessoa reflete que o ladrão do relógio se tornou um ladrão de causas da hereditariedade e do ambiente que são tão interessantes quanto cientificamente compreensíveis; e ela compra outro relógio, se não com alegria, pelo menos com uma filosofia que torna a amargura impossível. Perde-se, no estudo de causa e efeito, aquele ar absurdo que tantas pessoas têm de estar sempre chocadas e sofrendo com a curiosidade da vida. Essas pessoas vivem em meio à natureza humana como se ela fosse um país estrangeiro cheio de terríveis costumes. Mas, tendo atingido a maturidade, certamente deveríamos nos envergonhar de sermos estrangeiros em uma terra estranha!

O estudo de causa e efeito, ao mesmo tempo que diminui a dor da vida, aumenta o pitoresco da existência. O homem, para quem a evolução é apenas um nome, vê o mar como um espetáculo grandioso e monótono, ele pode testemunhar no verão por algum dinheiro na terceira classe. O homem, imbuído da ideia de desenvolvimento, de causa e efeito contínuos, percebe no mar um elemento que, no dia de antes de ontem da geologia, era vapor, que ontem estava fervendo e que amanhã será inevitavelmente gelo.

Ele percebe que um líquido é meramente algo que está a caminho de se tornar sólido, e é penetrado por um senso da tremenda e mutável pitoresca vida. Nada proporcionará uma satisfação mais duradoura do que a apreciação constantemente cultivada desse fato. É o fim de toda a ciência.

Causa e efeito podem ser encontrados em toda parte. Os aluguéis subiram em Shepherd's Bush. Foi doloroso e chocante que os aluguéis tivessem subido em Shepherd's Bush. Mas, até certo ponto, somos todos estudantes científicos de causa e efeito, e não havia um funcionário almoçando no Lyons Restaurant que não tivesse juntado cientificamente dois e dois e visto no (outrora) Two-penny Tube a causa de uma demanda excessiva por cabanas em Shepherd's Bush, e na demanda excessiva por cabanas a causa do aumento no preço das mesmas.

"Simples!", você diz, com desdém. Tudo — todo o complexo movimento do universo — é tão simples quanto isso — quando você consegue juntar dois mais dois. E, meu caro senhor, talvez você seja funcionário de uma imobiliária, odeie as artes e queira promover sua alma imortal, e não consiga se interessar pelo seu negócio porque ele é muito monótono.

Nada é monótono.

O tremendo e mutável pitoresco da vida é maravilhosamente mostrado no escritório de um corretor de imóveis. Houve um bloqueio de tráfego na Oxford Street; para evitar o bloqueio, as pessoas começaram a passar por baixo dos porões e bueiros, e o resultado foi um aumento dos aluguéis em Shepherd's Bush! E você diz que isso não é pitoresco! Suponha que você estudasse, com esse espírito, a questão da propriedade em Londres por uma hora e meia a cada duas noites. Isso não daria entusiasmo aos seus negócios e transformaria toda a sua vida?

Você chegaria a problemas mais difíceis. E seria capaz de nos dizer por que, como resultado natural de causa e efeito, a rua reta mais longa de Londres tem cerca de um metro e meio de comprimento, enquanto a rua absolutamente reta mais longa de Paris se estende por quilômetros. Acho que o senhor admitirá que não escolhi um exemplo que favoreça especialmente minhas teorias para um funcionário de uma imobiliária.

O senhor é funcionário de um banco e não leu aquele romance sem fôlego (disfarçado de estudo científico), *Lombard Street*, de Walter Bagehot? Ah, meu caro senhor, se tivesse começado com ele e o acompanhasse por noventa minutos a cada duas noites, como o seu negócio seria cativante para o senhor e como entenderia a natureza humana com muito mais clareza.

Você está "preso na cidade", mas adora excursões para o campo e a observação da vida selvagem — certamente uma diversão que aumenta o coração. Por que não sai da porta de sua casa, de chinelos, até o lampião a gás mais próximo, à noite, com uma rede para borboletas, e observa a vida selvagem de mariposas comuns e raras que está circulando por ali, e coordena o conhecimento assim obtido e constrói uma superestrutura sobre ele, e finalmente consegue saber algo sobre alguma coisa?

Você não precisa se dedicar às artes, nem à literatura, para viver plenamente.

Todo o campo de hábitos e cenas cotidianas está esperando para satisfazer a curiosidade que significa vida, e a satisfação da qual significa um coração compreensivo.

Prometi tratar de seu caso, ó, homem que odeia arte e literatura, e já o fiz. Agora falarei do caso da pessoa, felizmente muito comum, que "gosta de ler".

LEITURA SÉRIA

"Os melhores romances envolvem o mínimo de esforço."

Os romances estão excluídos da "leitura séria", de modo que o homem que, empenhado no autoaperfeiçoamento, decidiu dedicar noventa minutos, três vezes por semana, a um estudo completo das obras de Charles Dickens, será bem-aconselhado a alterar seus planos. A razão não é que os romances não sejam sérios — algumas das grandes obras da literatura mundial estão na forma de prosa de ficção —, mas sim que romances ruins não devem ser lidos e que os bons romances nunca exigem nenhuma aplicação mental considerável por parte do leitor. São apenas as partes ruins dos romances de Meredith que são difíceis. Um bom romance o leva adiante como um esquife em um riacho, e você chega ao final, talvez sem fôlego, mas não exausto. Os melhores romances envolvem o mínimo de esforço. Agora, no cultivo da mente, um dos fatores mais importantes é precisamente a sensação de esforço, de dificuldade, de uma tarefa que uma parte de você está ansiosa para realizar e outra parte está ansiosa para se esquivar; e essa sensação não pode ser obtida ao enfrentar um romance. Você não cerra os dentes para ler *Anna Karênina*. Portanto, embora você deva ler romances, não deve lê-los nesses noventa minutos.

A poesia imaginativa produz uma tensão mental muito maior do que os romances. Ela produz provavelmente a tensão mais severa de todas as formas de literatura. É a forma mais elevada de literatura. Produz a forma mais elevada de prazer e ensina a forma mais elevada de sabedoria. Em uma palavra, não há nada que se compare a ela. Digo isso com a triste consciência do fato de que a maioria das pessoas não lê poesia.

Estou convencido de que muitas pessoas excelentes, se fossem confrontadas com as alternativas de ler *Paraíso Perdido* e dar a volta na Trafalgar Square ao meio-dia, de joelhos e com roupas de saco, escolheriam a provação do ridículo público. Ainda assim, nunca deixarei de aconselhar meus amigos e inimigos a ler poesia antes de qualquer coisa.

Se a poesia é o que se chama de "um livro fechado" para você, comece lendo o famoso ensaio de Hazlitt sobre a natureza da "poesia em geral". É a melhor coisa do gênero em inglês, e ninguém que o tenha lido pode ter a impressão errada de que a poesia é uma tortura medieval, ou um elefante louco, ou uma arma que dispara sozinha e mata a quarenta passos. De fato, é difícil imaginar o estado mental do homem que, após ler o ensaio de Hazlitt, não esteja urgentemente desejoso de ler alguma poesia antes de sua próxima refeição. Se o ensaio o inspirar dessa forma, sugiro que comece com poesia puramente narrativa.

Há um romance inglês infinitamente melhor, escrito por uma mulher, do que qualquer coisa de George Eliot ou dos Brontes, ou mesmo de Jane Austen, que talvez você não tenha lido. Seu título é *Aurora Leigh*, e sua autora, E.B. Browning. Acontece que ele foi escrito em verso e contém uma quantidade considerável de poesia genuinamente boa. Decida-se a ler esse livro até o fim, mesmo que você morra por isso. Esqueça o fato de que se trata de uma bela poesia. Leia-o simplesmente pela história e pelas ideias sociais. E quando terminar, pergunte-se honestamente se ainda não gosta de poesia. Conheço mais de uma pessoa para quem *Aurora Leigh* foi o meio de provar que, ao supor que odiavam poesia, estavam completamente enganadas.

É claro que, se depois de Hazlitt, e de uma experiência como essa feita à luz de Hazlitt, você tiver finalmente a certeza de que há algo em você que é antagônico à poesia, você deve se contentar com a história ou a filosofia. Eu me arrependerei disso, mas não inconsolavelmente. *O Declínio e a Queda*[5] não deve ser citado no mesmo dia que *Paraíso Perdido*, mas é uma obra muito bonita; e *Primeiros Princípios*, de Herbert Spencer, simplesmente ri das pretensões da poesia e se recusa a ser aceito como algo que não seja o produto mais majestoso de qualquer mente humana. Não estou sugerindo que nenhuma dessas obras seja adequada para um iniciante em tensões mentais. Mas não vejo razão para que qualquer homem de inteligência mediana não possa, após um ano de leitura contínua, estar apto a atacar as obras-primas supremas da história ou da filosofia. A grande conveniência das obras-primas é o fato de serem tão surpreendentemente lúcidas.

Não sugiro nenhuma obra em particular como ponto de partida. A tentativa seria inútil no espaço de meu comando. Mas tenho duas

5 O Declínio e a Queda do autor Edward Gibbon, um historiador britânico do século XVIII. Sua obra, originalmente intitulada *The History of the Decline and Fall of the Roman Empire*, foi publicada em seis volumes entre 1776 e 1788. (N. do T.)

sugestões gerais de certa importância. A primeira é definir a direção e o escopo de seus esforços. Escolha um período limitado, ou um assunto limitado, ou um único autor. Diga a si mesmo: "Vou saber algo sobre a Revolução Francesa, ou sobre o surgimento das ferrovias, ou sobre as obras de John Keats." E durante um determinado período, a ser definido de antemão, limite-se à sua escolha. Há muito prazer em ser um especialista.

A segunda sugestão é pensar, além de ler. Conheço pessoas que leem e leem e, apesar de todo o bem que isso lhes faz, elas poderiam muito bem cortar o pão e a manteiga. Elas gostam de ler como os homens melhores gostam de beber. Elas voam pelas regiões da literatura em um carro a motor, tendo como único objetivo o movimento. Eles lhe dirão quantos livros leram em um ano.

A menos que você dedique pelo menos quarenta e cinco minutos a uma reflexão cuidadosa e cansativa (no início é um tédio terrível) sobre o que está lendo, os noventa minutos de uma noite são principalmente desperdiçados. Isso significa que seu ritmo será lento.

Não se preocupe.

Esqueça o objetivo; pense apenas no país ao redor; e depois de algum tempo, talvez quando menos esperar, você se encontrará de repente em uma linda cidade em uma colina.

PERIGOS A EVITAR

“O impulso não deve ser sobrecarregado”.

Não posso encerrar essas dicas, muitas vezes, receio, didáticas e abruptas demais, sobre o uso pleno do tempo para o grande objetivo de viver (diferentemente de vegetar) sem me referir brevemente a certos perigos que aguardam o aspirante sincero à vida. O primeiro é o terrível perigo de se tornar a mais odiosa e menos suportável das pessoas — um fanático. Ora, um presunçoso é um sujeito arrogante que se dá ares de sabedoria superior. Um arrogante é um tolo pomposo que saiu para um passeio cerimonial e, sem saber, perdeu uma parte importante de sua vestimenta, ou seja, seu senso de humor. Um pedante é um indivíduo tedioso que, após fazer uma descoberta, fica tão impressionado com o que descobriu que consegue ficar gravemente descontente porque o mundo inteiro não está impressionado com ela. Inconscientemente, tornar-se um "pedante" é uma coisa fácil e fatal.

Portanto, quando alguém se lança na empreitada de usar todo o seu tempo, é bom lembrar que o material com o qual temos de lidar é o nosso próprio tempo, e não o tempo de outras pessoas; que a Terra rolava muito confortavelmente antes de começarmos a equilibrar um orçamento de horas e que continuará a rolar muito confortavelmente, quer tenhamos ou não sucesso em nosso novo papel de chanceler do tesouro do tempo. É melhor não tagarelar muito sobre o que se está fazendo e não demonstrar uma tristeza excessiva com o espetáculo de um mundo inteiro desperdiçando deliberadamente tantas horas de cada dia e, portanto, nunca vivendo de verdade. No final das contas, descobriremos que, ao cuidar de nós mesmos, já fizemos tudo o que podíamos fazer.

Outro perigo é o de ficar preso a um programa como um escravizado a uma carruagem. Não se deve permitir que o programa fuja com a pessoa. Ele deve ser respeitado, mas não deve ser adorado como um fetiche. Um programa de trabalho diário não é uma religião.

Isso parece óbvio. No entanto, conheço homens cujas vidas são um fardo para eles mesmos e um fardo angustiante para seus parentes e amigos, simplesmente porque não conseguiram perceber o óbvio.

"Oh, não", já ouvi a esposa martirizada exclamar: "Arthur sempre leva o cachorro para se exercitar às 8:00 h e sempre começa a ler às 9:15 h. Portanto, está fora de questão..." etc. E a nota de fim absoluto nessa voz queixosa revela a tragédia insuspeita e ridícula de uma carreira.

Por outro lado, um programa é um programa. E, a menos que seja tratado com deferência, deixa de ser algo além de uma piada de mau gosto. Tratar o programa com a quantidade exata de deferência, viver com pouca ou muita elasticidade, não é tão simples quanto pode parecer para os inexperientes.

E outro perigo ainda é o de desenvolver uma política de pressa, de ficar gradualmente mais e mais obcecado com o que precisa fazer em seguida. Dessa forma, a pessoa pode existir como em uma prisão, e sua vida pode deixar de ser sua. A pessoa pode levar o cachorro para passear às 8:00 h e meditar o tempo todo sobre o fato de que precisa começar a ler às 9:15 h e que não pode se atrasar.

E o rompimento ocasional e deliberado de seu programa não ajudará a consertar as coisas. O mal não vem do fato de persistir sem elasticidade naquilo que se tentou, mas do fato de originalmente tentar demais, de preencher o programa até que ele se esgote. A única cura é reconstituir o programa e tentar menos.

Mas o apetite por conhecimento cresce de acordo com sua alimentação, e há homens que passam a gostar de um esforço constante e sem fôlego. Desses, pode-se dizer que uma pressa constante e sem fôlego é melhor do que um sono eterno.

De qualquer forma, se o programa apresentar uma tendência a ser opressivo e, ainda assim, a pessoa não quiser modificá-lo, um excelente paliativo é passar com deliberação exagerada de uma parte para outra; por exemplo, passar cinco minutos em perfeita quietude mental entre acorrentar o São Bernardo e abrir o livro; em outras palavras, desperdiçar cinco minutos com a consciência total de estar desperdiçando-os.

O último e principal perigo que eu gostaria de indicar é aquele ao qual já me referi — o risco de um fracasso no início do empreendimento.

Devo insistir nisso.

Um fracasso no início pode facilmente matar o impulso recém-nascido em direção a uma vitalidade completa e, portanto, todas as precauções devem ser tomadas para evitar isso. O impulso não deve ser sobrecarregado. Deixe que o ritmo da primeira volta seja absurdamente lento, mas que seja o mais regular possível.

E, uma vez que tenha decidido realizar uma determinada tarefa, realize-a a qualquer custo de tédio e desgosto. O ganho em autoconfiança por realizar um trabalho cansativo é imenso.

Por fim, ao escolher as primeiras ocupações das horas noturnas, não se guie por nada além de seu gosto e inclinação natural.

É ótimo ser uma enciclopédia ambulante de filosofia, mas se você não gosta de filosofia e gosta da história natural dos gritos dos vendedores[6], é muito melhor deixar a filosofia de lado e se dedicar aos gritos dos vendedores.

---

6 Vendedores ambulantes utilizavam gritos rítmicos e melodiosos para atrair clientes em mercados ou áreas movimentadas. Essa prática era comum em cidades da Europa e América antes da publicidade moderna. (N. do T.)

ENCONTRE MAIS
LIVROS COMO ESTE